心と体にやさしい、
声で届けるボイスレシピ

ボイレピ

心ときめく
簡単朝ごはん

アイスム編集部

Gakken

「おはよう!」で始まる朝

朝は、やっぱりなんだかだるい。
でも、元気な「おはよう!」という声が聞こえてきたら……
おまけに、おいしそうな朝ごはんの音と香りがしたら……
きっと軽やかな気分になれる。

癒しボイスの「おはよう!」「どうぞ、召し上がれ」を
たくさん収録した「#ボイレピ朝ごはん」から、
選りすぐりのボイレピとレシピを本書に集めました。

あなたの朝がちょっとでも、
楽しく、元気に、軽やかになるような
気分が上がる、心と体にやさしい、
簡単ボイスレシピです。
どうぞ、召し上がれ!

本書は Part1 〜 Part3 のレシピ すべてにボイレピ（＝ボイスレシピ）つき！

ボイレピって？

"聴くレシピ" が心もほぐす

まるで、声優さんと一緒に朝を過ごしているようなドラマシーンから始まり、読み上げてくれるレシピを聞きながら実際に朝ごはんを作ることもできる、声で届けるレシピです。癒される声とセリフに、朝から心がほぐれること間違いなし。本書ではドラマシーンのボイレピをまとめています。YouTubeやSpotifyでは全編配信中（p.111参照）。

聴き方は、スマホで読み取るだけ！

各レシピについている二次元バーコードにスマホをかざしてください。カメラモードにしたスマホをかざせば、自動で専用ページに飛ぶことができます。専用ページに飛んだら、再生ボタンをタップ。ボイレピの再生が始まります。※音声再生ページは再読み込み（リロード）をするとエラーになります。ブックマークをせず視聴毎に二次元コードを読み取るようにしてください。

ボイレピ
使い方いろいろ

レシピの予習として

実際に調理にとりかかる前にボイレピを聞いておくことで、レシピの工程の流れが把握できます。料理を作る前の予習として聞けば、キッチンに立ったとき、スムーズに段取りできるはず。

一緒に作れる！

簡単なレシピばかりなので、再生前に材料を準備し、ざっとレシピに目を通しておきさえすれば、作るときはレシピを読まずとも、ボイレピに従って調理を進めることができます。

ラジオ気分で

料理を作らずとも楽しめる要素はたくさん。切ったり、焼いたり、煮たり……という料理の音はもちろん、声優さんの「おはよう」「どうぞ、召し上がれ」の癒しボイスも堪能できます。

心ときめく朝ごはん
今日は、どれにする？

本書では、気分が上がる・心がときめく朝ごはんをテーマ別にご紹介。
「おいしく、簡単」はもちろん、カフェ風や世界の朝ごはんなど、
朝がちょっと楽しくなるレシピがたくさん。その日の気分や、
時間の余裕に合わせて選んでくださいね。

Part 1 おいしく栄養たっぷり！
心も体も元気になれる朝ごはん

簡単なのに栄養満点で、心も体も満たされる朝ごはんレシピを集めました。
この1食で1日を始めれば、パワフルに過ごせること間違いなしです。

野菜がたっぷりのサンドイッチはもちろん、雑炊、リゾット、丼など「朝はごはん派！」の方にも満足のラインナップです。オートミールや、おやきなどもありますよ。

| レシピ | 渥美まゆ美 |
| ボイレピ | 寺島惇太、江口拓也、森久保祥太郎、KENN、木村良平、野島健児、村瀬歩、天﨑滉平、榊原優希、土屋神葉、仲村宗悟 |

Part 2 おうちで簡単に
カフェ風朝ごはん

休日の朝はゆっくり優雅に楽しみたい。そんな日にぴったりのカフェ風朝ごはん。
コーヒーや紅茶と一緒に食べたくなる、ちょっとおしゃれなレシピを集めました。

パンのバリエーションが豊富なカフェ風朝ごはん。ホットサンドメーカーがなくても作れる、フライパンホットサンドをはじめ、クロワッサン、マフィンを使ったものも。

| レシピ | 黄川田としえ |
| ボイレピ | 柿原徹也、杉山紀彰、斎賀みつき、山下誠一郎、吉野裕行、千葉翔也、萩谷慧悟、興津和幸、七海ひろき、上村祐翔 |

Part 3
世界の台所を探検するように楽しむ
世界の朝ごはん

いつもとちょっと違う気分を味わいたい、という日は
世界の朝ごはん！ 旅行気分になれる、異国の香りがするレシピ。
スパイスや調味料の使い方がポイントです。

ナシゴレンやバインミー、コロンビアのミルクスープなど、パン、ごはんを問わず世界各国の朝ごはんを集めました。ちょっと聞きなれないメニューも新鮮。

レシピ 　岡根谷実里

ボイレピ 　梅原裕一郎、小林裕介、増田俊樹、置鮎龍太郎、平川大輔、田丸篤志、山口智広、中島ヨシキ、笠間淳、神尾晋一郎、井上和彦

Part 4
自分のための
心ときめく朝ごはん

本書だけで楽しめる3人の料理家による書き下ろしレシピ。
このパートにはボイスレシピはありませんが、簡単にできるうえに
自分の気分もしっかり上がる朝ごはんレシピを詰め込みました。

自分のための
いたわり朝ごはん

レシピ
長谷川あかり

シンプルな、やさしい味わいの朝ごはんレシピ。簡単なのに、不思議と「好き」が詰まっている、自分の気分も上げるレシピです。

ごはんが気分の日の
白ごはんがすすむおかず

レシピ
しらいのりこ

白ごはんにぴったりな「ごはんのお供」を集めています。作り置きできるものが多いので、時間がある日にさくっと作っておいても。

ほっとしたい朝の
簡単スープ

レシピ
有賀薫

ちょっと食欲がない日もスープなら口にできる。そんな日にぴったりな、スープの朝ごはん。しっかり栄養もとれるレシピです。

レシピ　長谷川あかり

豆腐と卵白の
中華風炒め煮ごはん

えびのうまみに、しょうがと黒酢の香り。
目覚めたばかりの体にもやさしい、いたわりごはん。

ボイレピ♪
CV
寺島惇太

この二次元バーコードから
ボイレピに飛べます！

8

優しすぎる朝ごはんできました！
僕の歩を聴きながら
一緒に作ってみてくださいね！
寺島惇太

材料 （2人分）

木綿豆腐…½丁（150g）
長ねぎ（白い部分）… 1本
しょうが…1かけ
ごま油…小さじ2

A
┌ アミえび（素干し／
│　桜えびでも）…3g
│ 水・酒…各大さじ2
└ 卵白…2個分

水溶き片栗粉
│ 片栗粉・水…各小さじ1
塩…小さじ⅓
ごはん…茶碗2杯分（300g）
粗びき黒こしょう・黒酢…各少々

作り方

1　長ねぎは粗みじん切りに、しょうが
はみじん切りにする。

2　フライパンにごま油としょうがを弱 ---->
火で熱し、香りが立ったら長ねぎを
加えてさっと炒める。豆腐を加えて
強めの中火にし、木べらでつぶしな
がら炒める。途中、水分が出てくる
ので、しっかり飛ばしながらさらに
炒める。

Point

豆腐は水きり不要。木
べらでつぶしながら、
水分をしっかり飛ばす。

3　Aを加え、木べらで混ぜながら卵白
がかたまるまで1分30秒煮込む。
一度火を止め、水溶き片栗粉を加え
て混ぜる。再び強めの中火にかけて
しっかり煮立たせ、火を止める。塩
で味をととのえる。

4　器にごはんを盛って**3**をのせ、こし
ょうと黒酢をかける。

Point

残った卵黄は「卵黄の
しょうゆ漬け」にして
も。小さな保存容器に
卵黄を入れ、かぶるく
らいのしょうゆを注い
で冷蔵庫で1日おく。
翌日の朝食にどうぞ。

寺島惇太
キッチン*memo*

「ダイエット検定」2級を持っている僕からあくまでも個人的なアドバイス！ 太り
にくい体を作るため、豆腐などのたんぱく質はしっかりとるのがおすすめです！

レシピ しらいのりこ

鍋で炊く、おいしい
白ごはん＋ちりめん山椒

朝ごはんの定番、つやつやの炊きたてごはんは、
なによりのごちそう！　ちりめん山椒は
ごはんの最高の友。粉山椒を使えば気軽です。

ボイレピ♪
CV
梅原裕一郎

この二次元バーコードから
ボイレピに飛べます！

厚手の鍋で炊く白ごはん

鍋で炊いたご飯は格別ですね。
ちりめん山椒も是非作ってみて下さい。
朝ごはんをしっかり食べて、一日頑張りましょう！

梅原 裕一郎

材料 （作りやすい分量）

米…300g（2合）
水…2カップ（400㎖）　　＊米1合あたり、水1カップ（200㎖）

作り方

1 米は水でひと洗いし、すぐに水を捨てる。20回ほど米を手早く大きくかき混ぜ、水をそそぎ、すぐ捨てる。これを2回くり返しざるにあげる。

2 保存容器か厚手の鍋に**1**を入れて水を注ぎ、冷蔵庫に2時間ほどおいて吸水させる。

3 一度米をざるにあげ、鍋に入れて分量の水を加える。鍋にふたをして強めの中火にかけ、沸騰したら軽く混ぜ、弱火にしてさらに10〜15分炊く。

4 火を止め、ふたをしたまま10分おいて蒸らす。

Point
米とぎはできるだけ手早く。汚れた水を吸わないよう、3分以内に行います。といだ米をそのまま放置しておくと乾燥して割れやすくなるので、ざるにあげる時間は30秒〜1分で十分です。

Point
米は水温が低いほどしっかりと均一に吸水するので、冷蔵庫で吸水させるのがおすすめです。半透明の米が白くなり、爪で押して割れるようであれば十分に吸水されています（炊飯器で炊く場合は、炊飯器のプログラムに組み込まれているので、事前の吸水は不要です）。

Point
お米のでんぷんがごはんに変化するには、「98℃以上で20分以上保つこと」が必要。高温状態をキープすることで、でんぷんが変化しておいしいごはんになります。

ちりめん山椒

材料 （作りやすい分量）

ちりめんじゃこ…40g
粉山椒…適量
┌ 酒…大さじ4
A しょうゆ・みりん
└ …各大さじ½

作り方

1 小さめの鍋に**A**を入れ、中火にかけて沸騰させる。

2 じゃこを加え、汁けがなくなるまで煮る。粉山椒をふって混ぜ合わせ、火を止める。

Point
調味料が少ないので、小さめの鍋やフライパンを使うと作りやすいです。酒とみりんは沸騰させ、アルコールをしっかり飛ばしてください。

Point
保存の目安は冷蔵で3〜4日。

梅原裕一郎
キッチンmemo

お米にはこだわりあり！ いつも買う品種は決まっていて、もう何十年も同じもの。水分が少なめの、シャキッとかため食感のものが好みです。

まずは
やってみよう！
3

レシピ　有賀薫

レタスたっぷり卵スープ

レタスは煮すぎず、シャキッと食感を残して。
ふわふわの卵との食感のコントラストも楽しい一品です。

ボイレピ♪
cv
柿原徹也

この二次元バーコードから
ボイレピに飛べます！

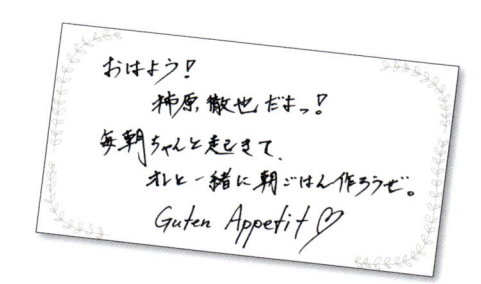

おはよう！
柿原, 徹也 だよっ！
毎朝 ちゃんと起きて,
オレと一緒に朝ごはん作ろうぜ。
Guten Appetit ♡

材料 (2人分)

レタス…小½個
ウインナーソーセージ…3本
卵…1個
水…2カップ（400㎖）
塩…小さじ½
こしょう…少々

作り方

1 レタスは1㎝幅に切る。ウインナー ---->
は小口切りにする。卵は割りほぐす。

Point
レタスは細めに切って食べやすく。手で
ちぎってもOKです。

2 鍋にウインナーと分量の水を入れて ---->
中火にかけ、沸騰したらレタスを加
え、しんなりするまで2分ほど煮る。
塩、こしょうで味をととのえ、一度
火から下ろし、レタスだけ器に盛る。

Point
レタスは煮すぎないよう先に取り出す。

3 2の鍋を中火にかけ、再び沸騰した ---->
ら溶き卵を少しずつまわし入れる。
卵に火が通り、浮かび上がってきた
ら火を止める。

Point

卵は少しずつ加え、ふ
んわりと浮かび上がっ
てきたら火を止めます。

4 レタスを盛った器に3をたっぷりか
ける。

Contents --

Part 1 おいしく栄養たっぷり！ 心も体も 元気になれる 朝ごはん ／渥美まゆ美

Part 2 おうちで簡単に カフェ風 朝ごはん ／黄川田としえ

Part 3 世界の台所を 探検するように楽しむ 世界の朝ごはん ／岡根谷実里

Part 4　自分のための 心ときめく 朝ごはん

自分のための いたわり朝ごはん ／長谷川あかり

ごはんが気分の日の 白ごはんがすすむおかず ／しらいのりこ

ほっとしたい朝の 簡単スープ ／有賀薫

本書の決まり

- 小さじ1＝5㎖、大さじ1＝15㎖、1カップ＝200㎖です。
- 電子レンジは600Wのものを使用しています。加熱時間は目安です。機種や使用年数により多少の差がありますので、様子を見ながら加減してください。また、500Wの場合は加熱時間を1.2倍、700Wの場合は0.8倍にして調整してください。
- 野菜は、特に記載のない限り、洗ったり皮をむいたりしてからの手順を記載しています。
- 保存期間は、清潔な保存容器に入れ、冷蔵した場合の目安です。気温や保存状況などによって異なるので、特に夏場は早めに食べきるようにしてください。
- 本書では音声収録時から、作りやすいようにレシピの手順を多少変更して掲載している部分があります。ご了承ください。

おいしく栄養たっぷり！

心も体も
元気になれる
朝ごはん

(レシピ) **渥美まゆ美**

簡単で栄養満点。管理栄養士が考えた
朝から野菜＆たんぱく質がたっぷりとれる
バランスのとれた朝ごはんです。パイをトースターで
焼いたり、リゾットも冷ごはんで作ったりと
朝から頑張らなくてもいいテクニックも盛りだくさんです。

ボイレピ

キャベツとじゃがいもの
とろーりマスタードチーズ焼き

温野菜たっぷりで栄養バランスも満点。
とろ〜りチーズをからめていただきます。

ボイレピ♪
cv
寺島惇太

材料 （2人分）

キャベツ…¼個（約200g）
じゃがいも…1個
ベーコン…2枚
冷凍ブロッコリー…6個（約90g）
オリーブ油…大さじ1
A ┌ 白ワイン・粒マスタード…各大さじ1
　　顆粒コンソメ…小さじ1
　└ 塩…ひとつまみ
ピザ用チーズ…40g
粗びき黒こしょう…少々

作り方

1　キャベツはひと口大のざく切りにする。じゃがいもは皮をむき、薄い半月切りにして水にさらし、水けをきる。ベーコンは3cm幅に切る。Aは混ぜ合わせる。

2　耐熱容器にじゃがいも、ブロッコリーを入れ、ラップをかけて電子レンジ（600W）で2分加熱する。

Point
レンジで加熱している間に、フライパンで炒める作業を進めましょう。

3　フライパンにオリーブ油を中火で熱し、キャベツとベーコンを入れ、少ししんなりするまで炒める。2を加えてさっと炒め合わせる。

4　Aをまわし入れ、ひと混ぜしたらチーズをのせる。ふたをして、チーズが溶けるまで1分ほど蒸し焼きにする。

5　器に盛り、こしょうをふる。

寺島惇太
キッチンmemo
実はバイト時代は豚丼やから揚げを出すお店で働いていました。キッチンにあるもので、まかない飯を毎回オリジナルで考えて作っていたのがいい思い出です。

ボイレピ♪
cv
江口拓也

野菜ソテーと
ポーチドエッグのサンド ♪

ぷるぷる卵にとろけるチーズがたまらない！
エッグベネディクト風の華やかなサンドです。

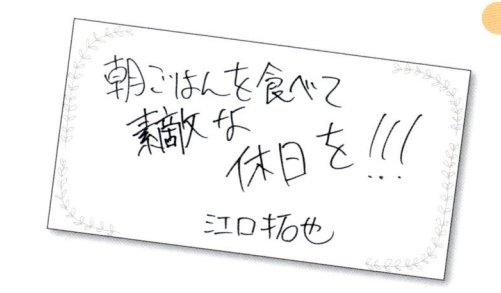

材料 （2人分）

グリーンアスパラガス… 1本
ベーコン… 2枚
卵… 2個
オリーブ油… 小さじ2
イングリッシュマフィン
　（好みのパンでもよい）… 2個
バター（常温にもどす）… 10g
ピザ用チーズ… 30g
粗びき黒こしょう… 少々

作り方

1 アスパラは洗って根元のかたい部分を切り落とし、はかまを除いて斜め薄切りにする。ベーコンは4等分に切る。

Point
「はかま」とはアスパラの茎についた三角の葉。除くことにより食感よく食べられます。

2 卵は1個ずつ小さな器に割り入れる。鍋にたっぷりの湯を沸かし、酢大さじ1（分量外）を加えて菜箸でぐるぐると混ぜ、中央に卵をそっと落とし入れる。弱火で2分ほど加熱し、好みの半熟具合になったら網じゃくしなどで取り出す。

Point

菜箸でお湯をぐるぐる混ぜて渦を作り、その中心にそっと卵を入れるときれいなポーチドエッグに。湯に酢を加えることで、卵白が散らずにまとまります。

3 フライパンにオリーブ油を中火で熱し、ベーコンを炒める。アスパラを加え、強火でさっと炒め合わせる。

4 マフィンは横半分に切り、オーブントースターで2〜3分焼く。バターを塗り、**2**と**3**をのせ、チーズをのせてこしょうをふり、はさむ。

Point
具材が熱いうちにチーズをのせ、とろりとさせるのがポイント。溶けないようなら、トースターで軽く焼いてもOKです。

江口拓也 キッチンmemo
包丁の音が好きです。僕は、包丁にはこだわりあり。実演販売に惹かれて買ったんですが、野菜がきれいに、ストレスなく切れて、気に入っています。

栄養満点
うまだしおじや

残り野菜で作れる手軽なおじや。
かつお節のおかげで、だしをとらなくてもうまみたっぷり！

ボイレピ♪
cv
森久保
祥太郎

朝から美味しく癒やされる
優しい 一品を ご紹介します！
いつもより少しだけ "ゆっくり朝ごはん"
楽しんで下さいね！

　　　　　森久保祥太郎

材料 （2人分）

キャベツ… 1枚（40g）
にんじん…¼本（40g）
しめじ…½パック
水…2と½カップ（500㎖）
かつお節…2g
しらす干し…20g
卵…2個
ごはん…茶碗大盛り1杯分（200g）
A ┌ しょうゆ…大さじ1
　└ 塩…小さじ½
小ねぎ（小口切り）…2本〜（好みで）

作り方

1 キャベツは芯は薄切りにし、葉は小さめの
　　ひと口大に切る。にんじんはせん切りにし、
　　しめじは根元を切り落としてほぐす。

2 鍋に分量の水とかつお節を入れ、強火にか
　　ける。煮立ったら*1*、しらすを加えてふた
　　をし、中火で3分煮る。

Point
かつお節と一緒に煮ることで、だし
が出て薄味でもおいしく仕上がりま
す。

3 卵はボウルに割りほぐす。

4 *2*にごはんを加えて軽くほぐし、**A**で調味
　　する。

Point
冷やごはんや解凍したごはんを使っ
てもOK。ごはんの粒がつぶれない
ように、しゃもじでほぐしましょう。

5 強火にしてしっかり温め、*3*を少しずつま
　　わし入れる。ひと煮立ちしたら玉じゃくし
　　などで鍋の底から軽く混ぜ、火を止める。
　　器に盛り、小ねぎを散らす。

Point
余熱で火が通るので、卵が半熟の状
態で火を止めます。

森久保祥太郎 キッチン memo 外食でおいしかったものやお酒のつまみを、「隠し味はなにかな？」と探りながら
再現するのが好きです。僕にとって料理は、"男心をくすぐる実験"です。

ボイレピ♪
cv
KENN

簡単ミルクカレー
リゾット

ひと皿でたんぱく質も野菜もとれるバランスごはん。
カレー粉のスパイシーさを、豆乳がまろやかに包み込みます。

簡単ミルクカレーリゾット
"かんたんなので
ぜひ、おためしあれ！
KENN

材料　（2人分）

ウインナーソーセージ… 4本
ピーマン…½個
赤パプリカ…¼個
玉ねぎ…¼個
ホールコーン（缶詰）…大さじ2
オリーブ油…大さじ1
水… 1カップ（200㎖）
顆粒コンソメ…大さじ½
調製豆乳（または牛乳）… 1カップ（200㎖）
カレー粉…大さじ1
ごはん…茶碗2杯分（300g）
塩…小さじ½
こしょう…少々

作り方

1　ウインナーは1.5cm幅に切る。

2　ピーマンとパプリカは小さめのひと口大に
　切る。玉ねぎはみじん切りにする。

Point
ピーマンとパプリカの種は、ヘタと
いっしょに上から下へはずします。
縦に均等に切ってから幅を揃えると、
きれいな正方形になります。

3　鍋を中火で熱してオリーブ油を入れ、1を
　炒める。油がまわったら2を加えて炒め合
　わせる。

4　分量の水を注いでコンソメを加え、ふたを
　して強火で煮る。煮立ったら弱火にし、コー
　ンを加え、豆乳とカレー粉も加えてさら
　に3〜4分煮る。

Point
お子さん向けにはカレー粉を半量に
して、味を見ながら調節しましょう。
無調整豆乳を使う場合は、分離する
ことがあるので、作り方5でごはん
を入れた後に加えてください。

5　ごはんを加え、米粒がつぶれないようやさ
　しく混ぜながら煮る。塩、こしょうで味を
　ととのえる。

KENN キッチンmemo
おみそ汁や焼き魚、エスプレッソ……。朝、料理の香りで目覚められたら素敵で
すよね。焼きおにぎりの、香ばしいしょうゆの香りで目覚めるのもいいなぁ！

ポットパイ風
あったかシチュー

サクサクのパイ生地から、ほかほかのシチュー。
トースターで気軽に作れる、
寒い朝でも笑顔になれる朝ごはん。

ボイレピ♪
cv
木村良平

サクサク ホカホカ
天国の香り
ぜひ作ってみてね♪
梶良平

おいしく栄養たっぷり！　心も体も元気になれる朝ごはん

材料 （2人分）

鶏もも肉（1cm角に切る）… 100g
玉ねぎ… 1/4個
しめじ… 1/4パック
冷凍ほうれん草… 3〜4株（40g）
バター… 10g
おろしにんにく… 小さじ1

塩・こしょう… 各少々
小麦粉… 大さじ1
牛乳… 1カップ（200㎖）
粉チーズ… 大さじ2
冷凍パイシート… 1枚
オリーブ油… 適量

作り方

1 玉ねぎは繊維に沿って薄切りにする。しめじは根元を切り落としてほぐす。

2 フライパンを熱してバターを溶かし、鶏肉とにんにくを加えて強めの中火〜強火で炒める。1を加えて玉ねぎがしんなりするまで炒め、塩、こしょうをふる。

Point
にんにくは市販のチューブタイプでもOK。直接フライパンに落とすと油がはねるので、鶏肉の上にのせて、からめるようにして焼いていきます。余裕があるときは、玉ねぎをあめ色になるまで弱火でじっくり炒めると、大人の味に。

3 ほうれん草を加えて軽く炒める。

4 火を弱めて小麦粉をふり入れ、木べらでじっくり炒めながら具材となじませる。粉けがなくなったら牛乳を3〜4回に分けて少しずつ加え混ぜ、そのつどよく混ぜる。牛乳を全部加えたら火を止め、粉チーズ大さじ1をふり入れて混ぜ、耐熱皿に等分に入れる。

Point

ダマにならないよう、牛乳を少し注いだら木べらで手早くのばすように混ぜ、ふつふつと煮立ってきたらまた少し注ぎ入れ……とくり返します。

5 パイシートをめん棒で1.5倍くらいの大きさにのばす。半分に切り、それぞれ耐熱皿の大きさに手で広げて4の上にのせる。パイシートの表面にオリーブ油を塗り、残りの粉チーズをふりかけて、オーブントースターで10分焼く。

Point
パイシートは早くから冷凍庫から出すとやわらかくなりすぎてしまうので、使う直前に取り出しておけばOKです。

木村良平 キッチンmemo　ミートパイが大好き。子どものころ母が作ってくれたんですが、焼きたてのおいしかった記憶が残っていて。今でも見つけるとつい買ってしまうんです。

ふわふわオムレツと
カナッペ

いつものオムレツも卵白を泡立てる
ひと手間で、ごちそう感がアップ。
カナッペを添えれば、栄養バランスも整います。

ボイレピ♪
cv
野島健児

材料 （2人分）

オムレツ
卵…2個
A ┌ 牛乳…大さじ2
　└ 塩・こしょう…各少々
バター…10g

カナッペ
バゲット…4㎝
クリームチーズ…20g
ベビーリーフ…適量
生ハム…2枚
塩・こしょう…各少々
オリーブ油…小さじ2

作り方

1　カナッペを作る。バゲットは1㎝厚さに切り、オーブントースターで1〜2分焼く。クリームチーズを塗り、ベビーリーフと生ハムをのせて塩、こしょうをふる。

2　オムレツを作る。卵は卵黄と卵白に分け、別々のボウルに入れる。

3　卵白はハンドミキサー（または泡立て器）でツノが立つまで泡立てる。 ---->

Point
泡立てすぎると分離してしまうので注意。つやが出て、ツノが立てばOKです。

4　卵黄にAを加えて混ぜ、3を2回に分けて加え、そのつどゴムべらで切るように混ぜる。 ---->

Point

ゴムべらを使って「の」の字を書くように、なじむまで混ぜましょう。

5　フライパンにバターの半量を強めの中火で熱し、4の半量を流し入れる。半熟のうちに全体をざっくりと混ぜ、かたまり始めたら火を弱め、フライ返しで形を整える。そのまま1分ほど焼いて半分に折りたたみ、火を止める。残りも同様に焼く。

6　器に盛り、1を添え、カナッペにオリーブ油をたらす。

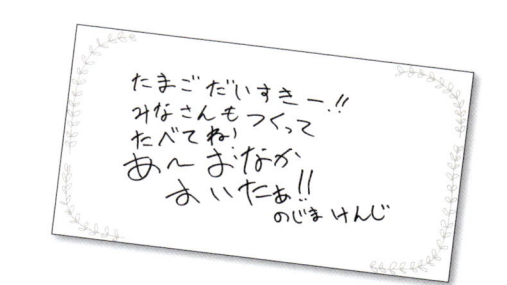

たまご だいすきー!!
みなさんも つくって
たべてね!
あ〜 おなか
おいたぁ!!
のじま けんじ

野島健児　キッチンmemo　野島家では料理当番と洗いもの当番、生ごみ当番があったので、料理は小学生のころからしていました。自慢の調理道具は、誕生日に買った出刃包丁です！

ボイレピ♪
cv
村瀬歩

韓国流ベーコンエッグ ワンパントースト

SNSで大人気の甘じょっぱトースト！
韓国では屋台で親しまれている朝ごはんです。

材料 （2人分）

食パン（6枚切り）… 2枚
スライスチーズ… 2枚
バター… 20g
卵… 4個
┌ 牛乳… 大さじ2
A マヨネーズ… 大さじ1
└ 塩・こしょう… 各少々

ベーコン… 2枚
葉野菜（サニーレタス、グリーンカール、
　　ベビーリーフなど好みで）… 適量
メープルシロップ・粗びき黒こしょう… 各適宜

作り方

1 ボウルに**A**を合わせ、卵を割り入れ ----> **Point** マヨネーズと牛乳を混ぜ合わせてから卵を
　てさらに混ぜる。 加えると、きれいに混ざります。

2 食パンはそれぞれ半分に切る。

3 フライパンにバターの半量を中火で
　熱し、1の半量を流し入れ、2を2
　切れ、真ん中にのせる。卵液に火が
　通る前にパンを裏返し、両面に卵液
　をからめる。

4 チーズ1枚を半分に折って片方のパ ----> **Point**
　ンにのせる。パンのふちを包むよう
　にまわりの卵を折りたたみ、チーズ
　がのっていないパンを、チーズをの
　せたパンの上に折りたたむようにの
　せる。もう1組も同様に焼く。

3の卵液をからめた
後、食パンの切り口
が内側に向かい合う
ようにしておくと、
あとで折りたたみや
すいです。

5 フライパンのあいている場所でベー
　コンを焼く。

6 器に葉野菜を盛り、4と5を盛り合
　わせる。好みでトーストにメープル
　シロップをかけ、こしょうをふる。

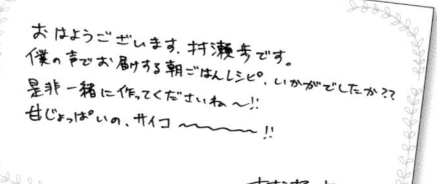

おはようございます。村瀬歩です。
僕の事でお届けする朝ごはんレシピ。いかがでしたか？？
是非一緒に作ってくださいね～!!
甘じょっぱいの、サイコ～～～～!!

村瀬歩

**村瀬歩
キッチンmemo**　　思い出の料理はカレー。実家のは甘口で、じゃがいも多め。子ども心に背伸びし
たくて、チリソースをかけて食べていました。後からくる辛さがおいしいんです。

彩りそぼろ丼

のっけ丼ならバランスもよく、そのままお弁当にも。
フライパンが汚れにくい順に炒めるのがポイントです。

ボイレピ♪
CV
天﨑滉平

材料 （2人分）

甘塩鮭… 1切れ
ごはん…茶碗2杯分 (300g)
ごま油…大さじ½ ＋大さじ½ ＋大さじ½

鶏そぼろ
鶏ひき肉 (むね)… 160g
A ┌ しょうゆ・みりん…各大さじ2
　└ 砂糖・酒…各大さじ½

卵そぼろ
卵… 2個
B ┌ みりん…大さじ½
　└ 塩・こしょう…各少々

小松菜の炒めもの
小松菜… 1〜2株 (80g)
塩・こしょう…各少々
焼きのり…¼枚

作り方

1　鮭はアルミホイルで包み、オーブントースターで7分焼く（または魚焼きグリルの強火で7〜8分焼く）。骨と皮を除いてほぐす。

2　小松菜は根元を切り落とし、2〜3cm幅に切る。ボウルに卵を割りほぐし、Bを加えて混ぜる。

3　フライパンを強火で熱してごま油大さじ½を入れ、小松菜をさっと炒め、塩、こしょうをふって取り出す。

Point 強火でさっと炒めるのがポイント。

4　3のフライパンにごま油大さじ½を足して中火〜弱火で熱し、卵液を流し入れ、菜箸を4本使って混ぜながら、そぼろ状になるまで炒めて取り出す。

Point 火が強すぎると焦げるので注意！ 卵の黄色が生きるように中火〜弱火で炒めましょう。

5　4のフライパンに再びごま油大さじ½を足し、火を消した状態でひき肉とAを入れ、菜箸を4本使って混ぜる。中火にかけ、絶えず混ぜながら、そぼろ状になるまでしっかり炒めて取り出す。

6　器にごはんを盛り、1、3、4、5をのせ、焼きのりをちぎって散らす。

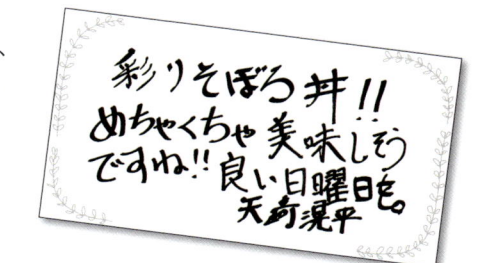

彩りそぼろ丼‼ めちゃくちゃ美味しそうですね‼ 良い日曜日を。 天﨑滉平

天﨑滉平 キッチンmemo　温かい白湯を飲んで、シャワーを浴びて喉を起こし、朝ごはんを食べて、ストレッチするのが、僕の毎朝のルーティーン。理想の朝食は、旅館の朝ごはんです！

オートミールの
カルボナーラ風リゾット

火の通りが早いオートミールは、忙しい朝に大助かり。
たんぱく質や食物繊維、鉄分などをバランスよく補給できます。

ボイレピ♪
cv
榊原優希

おはようございます！榊原優希です！
『オートミールのカルボナーラ風リゾット』、
いかがでしたでしょうか？
朝ごはんを食べると元気いっぱいになれますね
たくさん食べて、幸せも たくさんに!!
榊原 優希

材料 （2人分）

オートミール
　（インスタントタイプ）… 60g
玉ねぎ… 1/4個
ベーコン（ブロック）… 50g
卵… 2個
オリーブ油… 大さじ1
おろしにんにく … 小さじ1/2
牛乳… 1と1/2カップ（300㎖）
顆粒コンソメ… 小さじ1
粉チーズ… 大さじ2
塩… 少々
パセリ（みじん切り）・粗びき黒こしょう… 各適宜

作り方

1 玉ねぎはみじん切りにする。ベーコンは5
　mm角、長さ3cmくらいの拍子木切りにする。

2 卵は卵白と卵黄に分ける。

3 フライパンにオリーブ油とおろしにんにく
　を入れて弱火で熱し、香りが立ったら玉ね
　ぎを加え、透き通るまで中火で炒める。ベ
　ーコンを加え、焼き色がつくまで炒める。

Point
おろしにんにくは水分が多く、油が
はねやすいため、弱火でじっくりと
加熱して香りを引き出します。みじ
ん切りを使ってもOK。

4 牛乳、コンソメ、オートミールを加え、混
　ぜながら加熱する。とろみがついたら粉チ
　ーズと卵白を加え、卵白がかたまる前に混
　ぜ合わせ、塩で味をととのえる。

Point
卵白がかたまる前に混ぜることで、
なめらかな口当たりになります。コン
ソメでしっかり味がついているの
で、塩を入れる前に味見をしてくだ
さい。

5 器に盛り、中央をへこませて卵黄をのせ、
　好みでパセリとこしょうをふる。

榊原優希 キッチンmemo　ダンスなどで筋肉を酷使したな〜という日は、やっぱりお肉！ 赤身のステーキ
を焼いたりします。ガブッとかぶりつくと、体に気力がみなぎる気がするんです。

サラダチキンとゆで卵の
ボリューム満点コブサラダ

ボイレピ♪
CV
土屋神葉

休日のゆったりブランチにも、
おもてなしにもぴったりの
彩り豊かなサラダです。

材料 （2人分）

サラダチキン（市販／プレーン）… 1枚
卵… 2個
食パン（6枚切り）… 1枚
ミックスビーンズ（水煮）… 60g
アボカド… 1/2個
トマト… 1個
サニーレタス… 2枚
黒オリーブ（種なし）… 6個

ドレッシング

プレーンヨーグルト… 大さじ2
粉チーズ・マヨネーズ… 各大さじ1
レモン汁… 大さじ1/2
塩… ふたつまみ
こしょう… 少々
オリーブ油… 大さじ1

作り方

1 鍋に卵とかぶるくらいの水、酢適量（分量外）を入れて火にかけ、沸騰してから10分ゆでる。食パンはオーブントースターで5分ほど、こんがりしたきつね色になるまで焼く。

Point
卵は酢を入れた湯でゆでると、殻がむきやすくなります。また、食パンはこんがりと強めに焼き色をつけると、クルトンのようにサクッとした食感が楽しめます。

2 サニーレタスは食べやすい大きさにちぎり、大きめの器に盛る。

3 サラダチキン、アボカド、トマトは1.5cm角に切り、オリーブは5mm幅に切る。ゆで卵は殻をむいてぶつ切りにし、食パンは2cm角に切る。

Point
アボカドは、切ったらすぐレモン汁（分量外）をふりかけ、軽くあえておくと変色を防げます。

4 2の器にミックスビーンズと3を盛り合わせる。

5 ドレッシングの材料を順に加えて混ぜ合わせ、4にかける。

Point
チーズがダマになりやすいので、小さな泡立て器などで混ぜるのがおすすめ。オリーブ油は分離しないように最後に加えます。

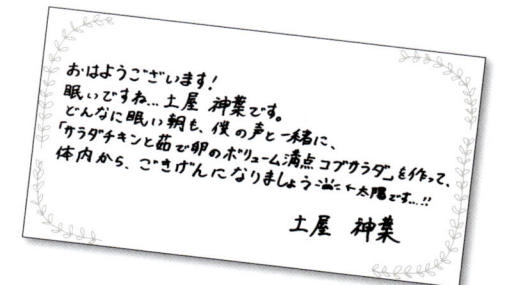

おはようございます！
眠いですね… 土屋 神葉です。
どんなに眠い朝も、僕の声と一緒に、
「サラダチキンと茹で卵のボリューム満点コブサラダ」を作って、
体内から、ごきげんになりましょう☀️太陽です…‼️

土屋 神葉

土屋神葉 キッチンmemo
朝は機嫌がいいほう。あえて言うなら、カーテンを開けて青空だと、なおのことテンションが上がって、逆に二度寝したくなります（笑）。

納豆としらすのおやき

納豆＋卵＋しらすでトリプル高たんぱく！
時間のない朝も、パクッと食べられます。
子どものおやつにもぴったり。

ボイレピ♪
cv
仲村宗悟

納豆もすき。しらすもすき。
おやきもすき。全部混ぜたら
ウマイに決まってる～！
いっしょに料理の修行しようぜ。
　　　　　　　仲村 宗悟

材料 （2人分：6枚分）

納豆…2パック
卵…1個
長ねぎ…¼本
じゃがいも…1個
しらす干し…大さじ2
┌ 青のり・白いりごま…各大さじ½
A めんつゆ（3倍濃縮）…大さじ1
└ 片栗粉…大さじ3
ごま油…大さじ1
焼きのり（全型）…2枚

作り方

1 長ねぎはみじん切りにする。じゃがいもはすりおろし、水けをきる。

2 ボウルに卵を割りほぐし、納豆を加えて混ぜる。1、しらす、Aを加えて混ぜる。 ----→

Point
生地が水っぽい場合は、片栗粉の量を増やしてみてください。

3 フライパンにごま油を熱し、2を直径7〜8cm大に流し入れる。弱めの中火で2分、底面がきつね色になるまで焼く。 ----→

Point

直径7〜8cmのおやきが6枚作れます。油は半量ずつ熱し、一度に3枚ずつ、2回に分けて焼くと焼きやすいです。形を丸く整えながら、高さを出すように焼くのがきれいに仕上げるコツ。

4 3を裏返し、ふたをして中に火が通るまで弱火で1〜2分焼く。

5 のりを4の大きさに合わせて切り、両面に貼りつける。

**仲村宗悟
キッチンmemo**　みじん切りなどの単純作業がけっこう好き。玉ねぎをあめ色になるまで炒める時間も、じっとフライパンを見つめながら無心になれて、好きなんです。

おうちで簡単に

カフェ風
朝ごはん

（レシピ）黄川田としえ

おうちでできる、簡単なカフェ風の朝ごはん。
フードスタイリストならではのアイデアで
お手軽なのに見栄え◎なのがうれしいレシピです。
パンがメインなので、ぜひコーヒーも準備して！

 ボイレピ

りんごとくるみの
タルティーヌ

バターで風味よく焼いたりんごに、
カリッと香ばしいくるみの食感がアクセント。

ボイレピ♪
cv
柿原徹也

42

（2人分：4個分）

バゲット…4cm
りんご…¼個
クリームチーズ（常温にもどしてやわらかくする）…60g
くるみ…8粒
バター…10g
はちみつ…大さじ1〜2（好みで）

作り方

1　バゲットは1cm厚さに切る。

2　フライパンを弱めの中火で熱し、くるみを
　　入れてから炒りし、取り出して粗く刻む。

Point
から炒りすることで香ばしくカリッ
とした食感になります。

3　りんごは芯を除き、皮つきのまま5mm厚さ
　　のひと口大に切る。

4　2のフライパンをさっとふいてバターを入
　　れ、弱火にかける。バターが溶けてきたら
　　3を加え、弱めの中火で焼く。

Point
バターが焦げやすいので気をつけな
がら全体にからめ、りんごの食感を
残すように両面を焼きます。

5　1にクリームチーズを塗り、4を並べて、
　　くるみをのせ、はちみつをかける。

柿原徹也
キッチンmemo

お仕事で海外に行くことも多いのですが、アメリカに行くとつい食べたくなるの
がステーキ！　一緒にさっぱりとしたビールを飲むのが最高です！

ハムチーズ
フレンチトースト

卵液を中までしっかりしみ込ませ、ふわふわに！
好みでバジルをはさんだり、トマトを添えたりしても。

ボイレピ♪
cv
杉山紀彰

材料（2人分）

食パン（6枚切り）… 2枚
ロースハム… 2枚
スライスチーズ
　（とろけるタイプ）… 2枚
バター… 8g
卵… 1個
牛乳… ¾カップ（150㎖）
塩・黒こしょう… 各少々

作り方

1 バットに卵を割り入れ、牛乳、塩、こしょうを加えて泡立て器でよく混ぜる。

Point
食事系のフレンチトーストなので、塩、こしょうで味つけします。甘いのが好きな方は砂糖を入れても。

2 1の卵液に食パンをひたし、ラップをかけて冷蔵庫で20分以上おく。

Point
冷蔵庫にひと晩おいてもOK。8枚切りの食パンを使う場合や、時間がないときは10分ほどでもかまいません。その場合は牛乳を½カップにしてください。

3 フライパンにバターの半量を入れて弱めの中火で熱し、バターが溶けたら2の食パンを1枚入れ、上にチーズ1枚、ハム2枚、チーズ1枚の順に重ね、もう1枚の食パンをのせる。弱火にし、ふたをして3分蒸し焼きにする。

4 底面が色よく焼けたら裏返す。残りのバターを加え、ふたをして3分蒸し焼きにし、裏面にもこんがりと焼き色をつける。

Point
焼き色が薄いときは、ふたを取って少し火を強め、フライパンを揺すりながら焼き色をつけます。

5 半分に切って器に盛る。

**杉山紀彰
キッチンmemo**　休日の朝はのんびり起きて、ぬるめのお風呂で半身浴。その後、散歩がてらお気に入りのカフェで朝食をとって、帰ってきたら猫たちと遊ぶのが理想です♪

ツナメルトサンド

フライパン＋へらで
表面をカリッと焼き上げてホットサンドに。
中からチーズがとろり。玉ねぎで食感と風味もプラス。

美味しく楽しく
ごはんを食べよう!!

斎賀みつき

材料 (2人分)

ツナ缶(オイル漬けでも
　ノンオイルでもよい)… 1缶(70g)
玉ねぎ… 1/10個(20g)
┌ 粒マスタード・マヨネーズ…各小さじ1
A
└ 塩・黒こしょう(好みで)…各少々
食パン(6枚切り)… 2枚
スライスチーズ(とろけるタイプ)… 2枚
マヨネーズ…小さじ2
オリーブ油…小さじ1＋小さじ1

作り方

1　ツナは缶汁をきり、玉ねぎは粗いみ ----> **Point**
　じん切りにする。ボウルに合わせ、　　　好みでドライハーブを加えても
　Aを加えてよく混ぜる。　　　　　　　　　おいしいです。

2　食パンはそれぞれ片面にマヨネーズ
　を塗る。食パン1枚のマヨネーズを
　塗った面に1をのせて広げ、チーズ
　を2枚重ねてのせ、もう1枚の食パ
　ンではさむ。

3　フライパンにオリーブ油小さじ1を
　入れて弱めの中火で熱し、2を入れ
　る。へらで押しつけながら2分ほど
　焼く。

Point

4　裏返し、へらでパンを持ち上げて残 ---->
　りのオリーブ油を加え、油が全体に
　行き渡るようにフライパンを揺する。
　へらで押しつけながら2分〜2分30
　秒焼く。

へらで押しつけて焼
き、こんがりと焼き
目をつけます。

5　半分に切って器に盛る。

斎賀みつき　　　家ではルイボスティーなど、朝から夜までガブガブ飲めるノンカフェインのお茶
キッチンmemo　を楽しんでいます。このツナメルトサンドには、さっぱりめのお茶が合いそう!

巣ごもり卵の
オープンサンド

キャベツを鳥の巣に見立て、卵を落として
蒸し焼きに。5分だと半熟の仕上がり。
かために好みなら、さらに2分ほど加熱して。

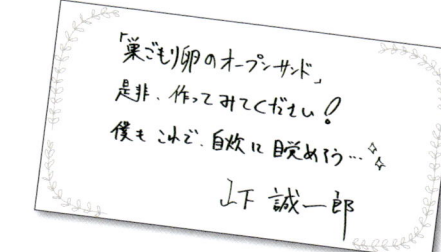

「巣ごもり卵のオープンサンド」
是非、作ってみてください！
僕もこれで、自炊に目覚めちゃう…✨

山下 誠一郎

材料 （2人分）

キャベツ … 2枚 (100g)
卵 … 2個
サラダ油 … 大さじ1
食パン (6枚切り) … 2枚
マヨネーズ … 大さじ1と⅓
粒マスタード (好みで) … 少々
塩・黒こしょう … 各少々

作り方

1 キャベツは5mm幅のせん切りにする。

2 フライパンにサラダ油を弱めの中火で熱し、*1*を半量ずつのせ、食パンと同じくらいの大きさに鳥の巣のイメージで広げる。

3 菜箸などでキャベツの真ん中にくぼみを作り、卵を割り落とす。ふたをして弱火で4〜5分蒸し焼きにする。

4 食パンはオーブントースターで4分ほど色よく焼き、マヨネーズと粒マスタードを塗る。

5 *4*に*3*をのせ、塩、こしょうをふる。

Point

--->

真ん中にくぼみを作っておくと、卵がすべり落ちません。卵は、先に器などに割り入れてからのせると安心です。

山下誠一郎
キッチンmemo
コーヒーが大好き。マグカップは、保冷保温できる機能的なものや、昔からずっと大切に使っているもの、出演した作品の記念品などを愛用しています。

ボイレピ♪
cv
吉野裕行

ポテトクリーム パングラタン

手軽に作れて、満足感があるパングラタン。
牛乳を吸ったマッシュポテトが、とろっとホワイトソースのよう。

材料 （2人分）

じゃがいも…小2個（約200g）
食パン（6枚切り）…1枚
牛乳…½カップ（100㎖）
塩…少々
ピザ用チーズ…35g
黒こしょう・乾燥パセリ…各少々

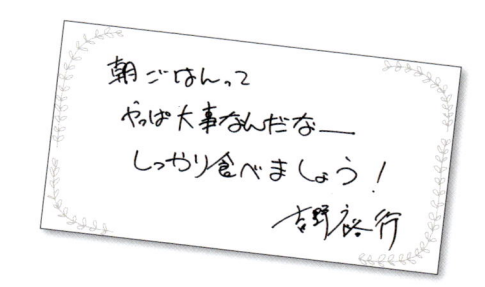

朝ごはんって
やっぱ大事なんだな——
しっかり食べましょう！
吉野裕行

作り方

1 じゃがいもは皮をむき、1〜2cm角に切る。耐熱容器に入れて水大さじ1（分量外）をふりかけ、ラップをかけて電子レンジ（600W）で4分加熱する。

Point
じゃがいもがかたいようなら、さらに30秒ずつ、様子を見ながらやわらかくなるまで加熱します。電子レンジがない場合はゆでてもOKです。

2 食パンは12等分に切る。

Point
ひと口サイズにしておくと、ポテトクリームといっしょに食べやすいです。

3 1を熱いうちにフォーク（またはマッシャー）でつぶす。牛乳を2回に分けて加え、塩をふってよく混ぜ、グラタン皿に移す。

Point
多少じゃがいもの粒が残ってもOK。少しゆるく感じても、焼くとちょうどよいクリーム状になります。

4 2、チーズの順にのせ、オーブントースターで10分ほど、食パンが色づき、チーズが溶けるまで焼く。こしょうとパセリをふる。

吉野裕行 キッチンmemo　「飲む点滴」と言われ、栄養価も高い甘酒。僕は、アルコールが入っていないタイプの甘酒が好きで、普段から豆乳で割って、ホットでよく飲んでいます。

ボイレピ♪
cv
千葉翔也

とろとろ卵の クロックマダム

フランスのカフェのようなおしゃれなメニューも
市販のホワイトソースなら手軽。とろ〜り半熟卵が絶妙です。

材料 (2人分)

食パン（6枚切り）… 2枚
ホワイトソース（市販）… 70g
ピザ用チーズ… 60g
卵（小さめのもの）… 2個
塩・黒こしょう…各少々

早起きできて偉い！
誰かと話したい朝に
クロックマダムのレシピを
聞いて、作ってみてね。
　　　　　　千葉翔也

作り方

1　食パンよりひとまわり大きいアルミホイルを2枚用意し、それぞれキッチンペーパーで薄くサラダ油少々（分量外）を塗る。食パンを1枚ずつのせ、ホワイトソースを半量ずつ塗る。

2　食パンの真ん中はあけ、まわりに土手を作るようにチーズをのせる。

3　中央に卵を割り落とし、アルミホイルごとオーブントースターに入れ、10〜15分焼く。

4　器に盛り、塩、こしょうをふる。

Point

アルミホイルのふちは少し折って立ち上げておくと持ちやすく、チーズが溶け出しても受け皿になってくれます。サラダ油を塗っておくと、チーズがくっつきにくくなります。

Point

卵が流れないようにチーズで土手を作っておきます。少し高さを出しておくと失敗しにくいです。

Point

卵を直接割り落とすのが不安な場合は、先に器などに割ってから、食パンの上にそっとのせましょう。

千葉翔也
キッチンmemo

出演した朗読劇の題材だったことから、セイロンティーにはちょっと思い入れがあります。舞台が終わった今も、思い出を確かめるように飲んでいますね。

ボイレピ♪
cv
萩谷慧悟

ソーセージ
エッグマフィン

おうちで食べるのはもちろん、ベランダや
公園でのピクニックにもぴったりなハンディ朝ごはん。

材料 （2人分）

イングリッシュマフィン…2個
ウインナーソーセージ…4本
卵…2個
レタス…1枚
サラダ油…小さじ2
マヨネーズ…大さじ1
粒マスタード（好みで）…少々
塩・黒こしょう…各少々

卵は半熟 黒胡椒は多めで粒マスタードは
マスト。 これが僕の好みです^^
みなさまも、朝ごはんを充実させて 良い一日に
しましょう!

おいしく そーせーじえっぐまふぃ〜ん♪

萩谷慧悟

作り方

1 イングリッシュマフィンは横半分に切り、
 オーブントースターで表面に少し焼き色が
 つくまで焼く。

2 ウインナーは縦半分に切る。フライパンに
 サラダ油を弱めの中火で熱し、ウインナー
 の断面を下にして2か所に4切れずつ並べ、
 その上に卵を1個ずつ割り落とす。

Point

卵を直接割り落とすのが不安な場合は、
先に器などに割ってから、ソーセージ
の上にのせましょう。白身が流れやす
いので、少しかたまってきたらへらで
中央にまとめます。

3 ふたをして2分ほど焼き、ふたをとって裏
 返し、裏面も30秒〜1分焼く。

4 1にマヨネーズと粒マスタードを塗る。ち
 ぎったレタスと3を等分にのせて塩、こし
 ょうをふり、はさむ。

萩谷慧悟
キッチンmemo

1年ほど前にオーブンを購入しました。グラタンやピザが焼ける音が「もうすぐ
できるよ!」って僕に語りかけてくれているようで、すごく好きなんです（笑）。

ボイレピ♪
cv
興津和幸

えびピラフ

野菜は焦がさないように炒め、甘みを引き出して。
しょうゆの香ばしさと、バターの風味がたまらない！

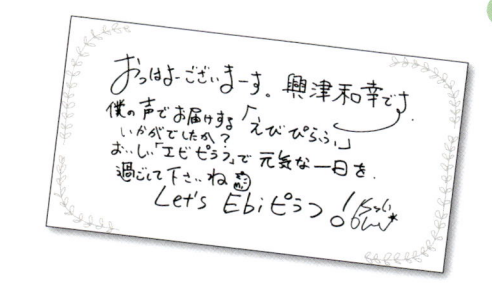

おっはよーございまーす。興津和幸です。
僕の声でお届けする「えびぴらふ」
いかがでしたか？
おいしいエビぴらふで元気な一日を
過ごして下さいね🍤
Let's Ebiぴらっ！🍤★

材料 （2人分）

むきえび… 120g
A ┌ 酒…小さじ1
  └ 塩…少々
玉ねぎ…¼個 (50g)
にんじん…¼本 (30g)
温かいごはん…茶碗2杯分 (300g)
塩・黒こしょう…各少々
しょうゆ…小さじ1
サラダ油…大さじ1
バター… 10g
乾燥パセリ…少々

作り方

1　玉ねぎは粗めのみじん切りに、にんじんは
　みじん切りにする。

2　えびは水けをふき、背わたをようじで除く。----➤
　Aをふり、下味をつける。

Point
冷凍えびでもOK。その場合は解凍
してから水けをふきます。

3　フライパンを熱してサラダ油を入れ、弱め
　の中火にして1を加え、塩、こしょうをふ
　って木べらで2分ほど炒める。

4　2を加え、炒めながら火を通し、しょうゆ ----➤
　を加えて混ぜる。

Point
えびは下味ごと加えてOKです！

5　ごはんを加えて全体を炒め合わせ、塩（分
　量外）で味をととのえる。火を止め、バタ
　ーを加えて余熱で溶かしながら混ぜ合わせ
　る。器に盛り、パセリをふる。

興津和幸 キッチンmemo　ごはんといえば、うちの炊飯器は、なんと20年来の相棒！　おじいちゃんが、僕が大学に進学するときに持たせてくれたものなんです。いまでも現役ですよ。

卵焼き
クロワッサンサンド

めんつゆで和風に味つけした卵焼きとマヨネーズ、
サクサクのクロワッサンが意外にも好相性。

材料 （2人分）

卵…3個
A
　　めんつゆ（3倍濃縮）…小さじ2
　　牛乳…大さじ1
　　塩・こしょう…各少々
サラダ油…小さじ2
クロワッサン…2個
レタス…1枚
マヨネーズ…少々

作り方

1 ボウルに卵を割り入れ、**A**を加えて菜箸で切るように混ぜる。

> **Point**
> 牛乳を加えることで卵焼きがふんわり！　泡立てず、白身を切るように混ぜましょう。こしょうは、あればホワイトペッパーがおすすめです。

2 フライパンにサラダ油を中火で熱し、*1*を流し入れ、菜箸で円を描くように混ぜながら火を通す。

> **Point**
> 大きめのフライパンがおすすめ。フッ素樹脂加工のフライパンを使用すると焦げつきにくいです。

3 全体に半熟より少しかために火が通ったら、フライパンを斜めに傾けながらへらを使って端から巻く。へらで長さを半分に切る。

4 クロワッサンはそれぞれ包丁で切り目を入れ、内側にマヨネーズを塗る。ちぎったレタスと*3*を等分にはさむ。

> おはようございます。七海ひろきです!!
> この朝ごはん、絶対おいしい。
> 「卵焼きクロワッサンサンド」
> ぜひ作って 素敵な1日を
> 過ごして下さいね。 七海ひろき

七海ひろき キッチンmemo　私のお気に入りの調理道具は、誕生日イベントでファンの方たちにプレゼントしていただいた電気圧力鍋。白米や玄米を炊いたり、野菜やお肉を煮ています。

ボイレピ♪
cv
上村祐翔

いちごの
フルーツサンド

**魅力的な断面に仕上げるには、いちごの配置が肝心。
バナナやキウイなどでもおいしく作れます。**

材料 （2人分）

食パン（6枚切り）… 4枚
いちご（ヘタを切り落とす）… 10個
生クリーム… 1カップ（200㎖）
砂糖… 大さじ2

おはようございます！上村祐翔です！
「いちごのフルーツサンド」、いかがでしたか？
パン好きの僕としては、お腹が空いてくるワードばかりで、
ぐうぐう音が鳴ってしまうのでは！？と戦いながらの収録でした。
休日だからこそできる朝ごはん作りを楽しんでいただけたら
嬉しいです！ぜひ作ってくださいね♪

上村祐翔

作り方

1 ボウルに生クリームと砂糖を入れ、底に氷水を当てながらハンドミキサー（または泡立て器）で九分立てにする。

2 食パンにそれぞれ1を塗り、2枚にいちごを十文字に並べる。

3 残りの食パンではさみ、手でぎゅっと押して密着させる。ラップで包み、切りやすくするため冷蔵庫で20分ほど休ませる。

4 ラップをはずし、パン切り包丁（または包丁）で十文字に切る。

Point
氷水で低温を維持することで、泡をつぶさずにしっかりと泡立てることができ、なめらかなクリームになります。ツノが立つくらいまで泡立てると（九分立て）パンに塗りやすくなります。

Point

クリームは、端に厚く塗るとはさんだときにはみ出てしまうので、食パンの中央が頂点になるように山型にのばして塗ります。いちごがサンドイッチの断面にくるように、切る位置を決めてから並べるのがポイント！

Point
なるべく切れ味のよい包丁を使いましょう。1カットごとにぬれ布巾などで包丁を拭くと、きれいな断面になります。

**上村祐翔
キッチンmemo**　出演した作品をきっかけに、パンの世界の奥深さにのめり込んだ僕。いまや、「パンシェルジュ検定」1級の資格を取得するまでになりました！

世界の台所を
探検するように楽しむ

世界の
朝ごはん

 岡根谷実里

世界各地の台所を訪れ、現地の方と一緒に料理をする、
世界の台所探検家による、世界の朝ごはん。
定番のものから、「どんな味がするんだろう？」と
興味をそそられるものまで、わくわくするラインナップです。

ボイレピ

インドネシアの
ナシゴレン

ナシゴレンはインドネシアの甘辛い炒めごはん。
家にある材料でシンプルに、気軽に本場の味を再現！

ボイレピ♪
CV
梅原裕一郎

材料 （2人分）

冷やごはん*…茶碗2杯分（300g）
玉ねぎ…¼個
にんにく…1かけ
赤唐辛子…1本
　A　しょうゆ・黒砂糖（粉末）…各大さじ2
塩・こしょう…各適量
サラダ油…大さじ1と½
きゅうり・トマト（各薄切り）…各適量

*ごはんは電子レンジで軽く温めておく（フライパンの温度を下げないようにするため）。あつあつだとくっついてパラパラにならないので、温めすぎに注意。

作り方

1　フライパンに**A**を合わせて中火にかけ、沸騰したら軽くとろみがつくまで2分ほど煮詰め、小皿に取り出す。フライパンを一度洗う。

2　玉ねぎとにんにくはみじん切りする。赤唐辛子は種を除いて細かく刻む。

3　フライパンにサラダ油を強めの中火で熱し、にんにく、玉ねぎ、赤唐辛子の順に加えて炒める。ごはんを加え、ほぐすように炒め合わせる。

4　*1*を加え、全体にからめるようにして3分ほど炒める。塩、こしょうで味をととのえ、器に盛り、きゅうり、トマトを添える。

Point
味の要となるインドネシアの調味料「ケチャップマニス」の代わりになります。黒砂糖がなければきび砂糖など、できるだけ茶色い砂糖がおすすめですが、なければ白砂糖でもOKです。

Point
辛いのが好きな方は唐辛子を種ごと使ってください。

梅原裕一郎
キッチンmemo

唯一お仕事で行った海外、オーストリア・ウィーンで食べたシュニッツェルは思い出の味。牛カツのような料理で、刻みねぎなどがのっていて親近感がわきました。

ベトナムのサンドイッチ
バインミー

シャキシャキ＆甘ずっぱいなますをたっぷりサンド。
ツナやベーコン、目玉焼きなどを
はさむのもおすすめです。

材料（2人分）

バゲット（細めのもの）…1本
レバーペースト（市販）…50g
マヨネーズ…大さじ2
パクチー（ざく切り）…適量
なます（作りやすい分量）
大根…1/4本（200g）
にんじん…1/2本（100g）
　┌ 酢…大さじ3
　A 砂糖…大さじ2
　└ ニョクマム（またはナンプラー）…大さじ1
塩…適量

普段つくらないものをつくる
それだけで特別な日になりますよね！
一緒に特別な日にしましょう！
小林 裕介

作り方

1 耐熱ボウルに**A**を合わせて軽く混ぜ、電子レンジ（600W）で20秒ほど温め、砂糖を溶かす。

2 大根とにんじんは皮をむき、それぞれ4cm長さのせん切りにする（せん切りスライサーを使ってもよい）。

3 ジッパーつきの保存袋に**2**を入れ、塩をふって袋の上から軽くもむ。**1**を加え、よくもんで全体に行き渡らせ、冷蔵庫でなじませる。

4 バゲットは長さを半分に切る。下から1/3くらいのところに具をはさむための切り目を入れ、フライパンにのせて軽く温める。裏返して上面も温め、パリッとさせる。

5 バゲットの切り目を開き、内側の上下にマヨネーズを塗り、下だけにレバーペーストを重ねて塗る。**3**の汁けをきってたっぷり詰め、パクチーをのせてぎゅっとはさむ。

Point
パクチーが好きな方はぜひたっぷりはさんで、エスニックな香りを楽しんでください。また、残ったなますは冷蔵で1週間ほど保存可能。料理のつけ合わせや副菜にどうぞ。

小林裕介 キッチンmemo
お酒の中でも特に日本酒が好き！　料理に使うだけではなく、日本酒を飲みながら料理することも。それが楽しみのひとつなんです！

中国 春節の水餃子

中国では、白菜は富をもたらす縁起のよい食材。
たれは、黒酢や酢じょうゆ、ラー油などお好みで。

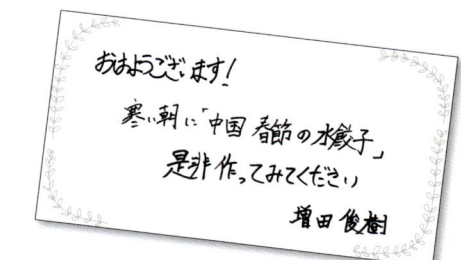

おはようございます！
寒い朝に「中国 春節の水餃子」
是非作ってみてください

増田俊樹

材料 （2人分）

豚ひき肉…80g
白菜…1〜2枚（80g）
長ねぎ…8cm（15g）
おろししょうが…小さじ1
A　酒・しょうゆ・ごま油…各小さじ1
塩…小さじ½
水餃子の皮…12枚

作り方

1 白菜はみじん切りにしてざるに入れ、 - - - ->
塩をふってしばらくおく。

> **Point**
> フードプロセッサーを使うと
> 簡単です！

2 長ねぎもみじん切りにする。

3 ボウルにひき肉、*2*、おろししょうが、
Aを入れ、粘りけが出るまで手で練
る。*1*の水けを絞って加え、さらに
練り混ぜる。

4 水餃子の皮に*3*を適量のせ、ふちに
水をつけて半分に折りたたんで包む。
両端を引き寄せて重ね、水をつけて
押さえ、くっつける。

5 鍋に湯を沸かし、*4*を入れてゆでる。 - - ->
皮が透き通って浮かんできたら玉じ
ゃくしですくう（3分ほどが目安）。
軽く水けをきって器に盛り、好みで
酢じょうゆや黒酢（ともに分量外）
などをつけて食べる。

> **Point**
> 水餃子をゆでたあとのゆで汁
> も、中国ではスープとして飲
> むことがあります。そば湯の
> ような感覚で、消化を助ける
> と言われています。

**増田俊樹
キッチンmemo**　食事は、体を作るうえで無視できないものだと思っています。最近は、ささみを
使った料理にはまっています。やわらかくゆでる方法や、たれの配合を研究中！

ボイレピ♪
CV
置鮎龍太郎

70

ブルガリア風目玉焼きパン

ブルガリア風と言えど、かなりシンプルな工程。
お気軽にチャレンジしてみてくださいね。
私も今日作ります♪
素敵な休日を

置鮎龍太郎

とろ〜り半熟卵にハーブが
やさしく香ります。
粉チーズをふってもよく合います。

材料 （2人分）

パン（食パンまたはカンパーニュなどプレーンなもの）… 2枚
卵（常温にもどす）… 2個
バター… 大さじ2
オレガノなど好みのハーブ（またはハーブソルト）… 適量
塩… 少々

作り方

1 パンの中央を包丁でくり抜き、卵を落とすための穴を作る。

2 卵は1個ずつ器に割り入れておく。フライパンを弱火〜中火で熱し、バターを溶かす。

3 *2*にパンを並べ、へらでギュッと押しつけて焼く。穴の部分に卵をそっと落とし、ふたをして2〜3分焼く。

4 卵の下のほうがかたまってきたら好みのハーブと塩をふり、フライ返しで裏返す。再びふたをして1〜2分焼き、卵が好みのかたさになったら取り出す。

Point

穴が大きすぎると卵が薄く広がって隙間ができてしまうので、ゆで卵が入るくらいのサイズが目安。四角でも丸でも、抜き型を使って抜いても。

Point

卵は冷蔵庫から出して常温にもどしておきましょう。冷たいと、火が通る前にパンが焦げてしまいます。パンに直接割り落としてもいいですが、先に器に割り入れておくと安心です。

Point

くり抜いたパンもフライパンのあいているところでいっしょに焼き、卵につけて食べるのがおすすめです。

置鮎龍太郎
キッチンmemo

数年前に購入した低温調理器がお気に入り。一番作るのは、なんとヨーグルト！本当は肉料理などを作りたいのですが、なかなかできていません……。

ボイレピ♪
cv
平川大輔

コロンビアの
ミルクスープ　チャングア

刻んだパクチーをたっぷり散らしたさわやかなミルクスープ。
二日酔いの朝には、にんにくを加えてもいいですよ。

こんな朝ごはんを休日に食べられたら、
とってもステキな1日のスタートに
なるのではないでしょうか。
僕も挑戦してみようと思います。
皆さんも「ヤングァ」、ぜひ作って、
そして召し上がってみてくださいね！
チリ大輔

材料（2人分）

牛乳・水…各1カップ（200mℓ）
卵…2個
長ねぎ（青い部分）…10〜15cm
パクチー…適量
塩・こしょう…各適量
食パン…2枚

作り方

1 食パンはオーブントースターでカリッとするまでしっかりめに焼く。長ねぎは鍋に入る適当な長さに切る。

2 鍋に牛乳と分量の水、長ねぎを入れて強めの中火にかける。塩、こしょうをふって混ぜ、沸騰するまで温める。

3 パクチーは細かく刻む。卵は1個ずつ器に割り入れる。

Point 卵は鍋に直接割り入れるより、1個ずつ器に割っておくほうが安心です。

4 2が沸騰したら長ねぎを取り出し、ぶくぶくしない程度に火を弱め、卵を1個ずつ離れた場所にそっと入れる。パクチーを加え、卵に軽く火が通るまで3〜6分、弱火で加熱する。

Point パクチーはトッピング用に少し残しておきましょう。卵は約3分で半熟、約6分でかたゆでになります。好みで加減してください。

5 食パンを6〜8等分に切って器に入れる。4の卵をのせてスープを注ぎ、さらにパクチーを散らす。

Point 食パンは手でちぎってもOK。器に入りきらなければ、別に添えてスープにひたして食べても。

平川大輔 キッチンmemo　温かいスープといえば、僕はみそ汁が大好き！　特に、なめこと豆腐と、みつばのみそ汁。この組み合わせが、子どものころからすごく好きなんです。

フィリピンのなすオムレツ
トルタンタロン

レンジで蒸したなすを、まるごとオムレツに！
現地ではごはんのおかずとして、朝食はもちろん
ランチにもよく食べられています。

ボイレピ♪
cv
田丸篤志

いつもと違う朝ごはん。
それだけで、特別な一日が
始まる気がしますね♪

田丸篤志

材料 （2人分）

なす（長めのもの）… 2本
卵… 1個
塩・こしょう…各適量
サラダ油（またはオリーブ油）…大さじ1
トマトケチャップ（好みで）…適量

作り方

1　なすはヘタのまわりにぐるっと一周 ----→
包丁を入れ、ガクを切り落とす。ピー
ラーで皮をむき、ラップで包んで
電子レンジ（600W）で3分加熱する
（まだ芯があるようなら、さらに1〜
2分加熱し、やわらかくする）。

Point
皮はきれいにむけなくてもOK。時間
に余裕があるときは、皮ごとグリルで
焼くのもおすすめ！　皮が真っ黒にな
るまで15分ほど焼き、冷水にさらし
て皮をむきます。香ばしさが増して、
さらにおいしくなります。

2　卵はボウルに割りほぐし、塩、こし
ょうを加えて混ぜる。

3　1をまな板の上に置き、フォークの ----→
背でつぶすようにして薄く平らに広
げる。

Point

なすはヘタの部分を
残して、実を扇のよ
うに薄くつぶして広
げます。

4　フライパンにサラダ油を入れて中火
にかける。3を2にひたしてたっぷ
りと卵液をからめ、フライパンに入
れて2分弱焼く。

Point
----→
焼き加減は好みでOKですが、半熟で
はなくしっかり火を通します。多めの
油で揚げ焼きにするのがフィリピン流。
残った卵液は、なすを入れたあと上か
らかけると、ムダがなく、見た目もよ
くなります。

5　ひっくり返して裏面も2分弱焼き、
器に盛る。好みでケチャップを添え、
つけていただく。

田丸篤志
キッチンmemo
野菜の皮をむくときは、包丁派？　ピーラー派？　僕は包丁派だったんですが、
ピーラーを買ってみたらあまりに便利で、ピーラー派に傾きつつあります（笑）。

タイのお粥　ジョーク

本来は生米から作りますが、炊いたごはんで気軽に。
味つけは控えめなので、好みの調味料で味変しながらどうぞ。

ボイレピ♪
cv
山口智広

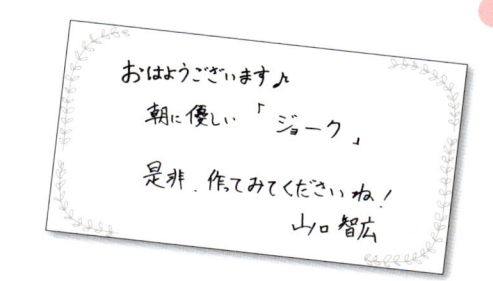

おはようございます♪

朝に優しい「ジョーク」

是非、作ってみてくださいね！

山口智広

材料　(2人分)

ごはん…茶碗1杯分 (150g)
水…2カップ (400㎖)
鶏がらスープの素…大さじ½
肉団子
　豚ひき肉…100g
　ナンプラー…大さじ½
　白こしょう…少々
卵…2個
しょうが (せん切り)…1かけ
小ねぎ (小口切り)…2本

作り方

1 ごはんはざるに入れ、水で軽く洗って粘りけを取る。- - - →
分量の水とともにミキサーにかけ、ごはんの粒が少
し残る程度につぶす。

2 *1*を鍋に移し、鶏がらスープの素を加えて中火にか
ける。煮立ったら弱火〜弱めの中火にし、焦げつか
ないようときどきかき混ぜながら8分ほど煮込む。

3 卵は温泉卵にする。1個ずつ湯呑みに割り入れ、か
ぶるくらいの水 (大さじ2程度) を入れて、黄身を
つまようじで刺して穴を開け、ラップをかけずに電
子レンジ (600W) で40秒加熱する (足りなければ
様子を見ながらさらに10秒ずつ加熱する)。

4 肉団子の材料をボウルに入れ、粘りけが出るまで練
り混ぜる。6等分して手で丸め、*2*の鍋に落とし入
れる。

5 3分ほど煮て、肉団子に火が通ったら器に盛る。*3*
としょうが、小ねぎをのせ、食べるときに好みで酢
や白こしょう、しょうゆ、ナンプラーなど (いずれ
も分量外) をかける。

Point

フードプロセッサーを使う場合
は、水½〜1カップを入れて
攪拌し、鍋に移してから残りの
水を加えて煮込んでください。
ハンディブレンダーを使う場合
は、ごはんと水2カップを鍋に
入れ、火にかける前に攪拌しま
しょう。米をつぶしながら煮る
のでもOKです。

山口智広
キッチンmemo

お粥に似た料理は世界各国にありますよね。イタリア料理ならリゾット。僕は大
学生のときに旅したフィレンツェで食べた、野菜のリゾットが忘れられません！

中東風
フムストースト

ひよこ豆のディップ「フムス」は、中東の伝統料理。トーストに塗って、好みの野菜をのせればバランスも◎。

ボイレピ♪
cv
中島ヨシキ

おはようございます！今回担当させていただく中島ヨシキです！
レシピを声でお伝えするのは何だか不思議な感覚！
ぜひ一緒に作ってみてください！！
美味しい朝ごはんを食べて、良い休日をお過ごしください〜！

中島 ヨシキ

材料 （2人分）

パン（全粒粉パンなど、
　スライスしたもの）… 4枚

フムス（作りやすい分量）

A
┌ ひよこ豆（水煮缶）… 200g
│ 白練りごま（ペースト）… 大さじ2（30g）
│ クミンパウダー・レモン汁… 各小さじ1
└ 塩… ひとつまみ
ひよこ豆の煮汁… 大さじ4〜5

┌ アボカド… ½個
│ 白いりごま・レモン（またはライム）… 各適量
└ 塩… 少々

┌ ミニトマト… 2〜3個
│ バジル… 適量
└ 塩・こしょう… 各少々

作り方

1 フムスを作る。ひよこ豆の水煮缶はボウルに重ねざるにあけ、ひよこ豆と煮汁を分ける（煮汁も取りおく）。**A**をフードプロセッサーにかけ、ひよこ豆の煮汁を少しずつ加え、かたさを調整しながらなめらかなペースト状になるまで攪拌する。

2 アボカドとミニトマトは薄切りにする。

3 パンはオーブントースターで焼き、*1*をたっぷり塗る。

4 *3*の半量にアボカドをのせてごまを散らし、レモンを搾って軽く塩をふる。残りの*3*にはミニトマトをのせ、バジルの葉を散らし、塩・こしょうをふる。

Point
フムスは冷蔵で2〜3日保存可能です。
単体でおつまみとして楽しんでも。

**中島ヨシキ
キッチンmemo**

包丁って、男のロマンが詰まっている気がします。僕は、なんでも切れる大きめの牛刀と、小まわりのきくペティナイフの2本を使い分けています！

インドのブレッドオムレツ

スパイスや刻んだ具を混ぜた卵液でパンをまるごと包んだ
ブレッドオムレツは、インドの屋台で定番の朝ごはん。

ボイレピ♪
cv
笠間淳

材料 （2人分）

食パン（6枚切り）…2枚
卵…4個
玉ねぎ…1/4個
トマト…1/4個
パクチー（または小ねぎ）…1株
A ┌ 塩・こしょう…各適量
　└ チリパウダー（好みで）…少々
バター…20g
トマトケチャップ…適量

作り方

1 玉ねぎ、パクチーはみじん切りにする。トマトは小さめの角切りにする。

Point
----> トマトは大きいと焼くときに返しにくく、バラバラと落ちてしまうので、小さめの角切りに。

2 ボウルに卵を割りほぐし、**1**を加えて混ぜ、**A**で調味する。

3 フライパンを中火で熱し、バターの半量を入れて溶かす。**2**の卵液を半量より少なめに注ぎ入れ、食パン1枚をのせて押しつけるようにして卵液をつけ、食パンだけを裏返す。食パンの上に卵液をさらに少し追加でかける。

Point
---->

卵液は、最初は半量より少し少なめに入れ、食パンを裏返してから足して、スプーンですくってまんべんなく食パンにかけます。

4 卵のふちのほうがかたまってきたら、食パンからはみ出ている部分を、食パンを包み込むように折りたたむ。フライ返しでひっくり返し、裏面も焼き色がつくまで焼き、まな板に取り出す。

Point
---->

卵でパンを包むように折りたたみます。

5 同様に**3〜4**をくり返し、もう1枚も焼く。半分に切って器に盛り、ケチャップを添える。

笠間淳 キッチンmemo 僕は辛い料理が全般的に大好き！香り系・辛い系のスパイスもたくさん入れちゃいます。ただし、皆さんは、刺激が強すぎることもあるので量にはご注意を！

シンがポールのカヤトースト

ココナッツミルクを煮詰めた
「カヤジャム」とバターをはさんだ
甘じょっぱいパン。なんと、
温泉卵にディップしていただきます。

ボイレピ♪
cv
神尾晋一郎

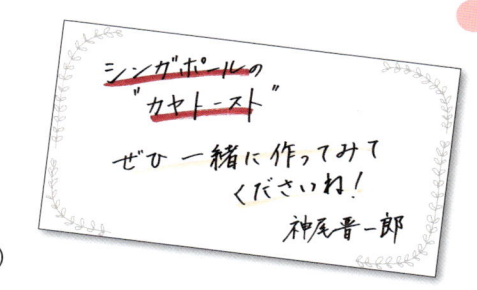

材料 （2人分）

ココナッツミルク（缶詰）… 100g
卵黄… 1個分
きび砂糖（または三温糖、黒砂糖）… 40g
食パン（8枚切り。全粒粉入りがおすすめ）
　… 4枚
バター… 20〜30g
卵… 2個

作り方

1 温泉卵を作る。鍋にたっぷりの湯を沸かし、沸 ----→
騰したら火を止める。卵を殻つきのままそっと
入れ、ふたをせず12〜13分おく。水を張った
ボウルにとって冷まし、器に割り入れる。

Point
p.77を参照して電子レンジで作
ってもOKです。

2 食パンはオーブントースターでこんがりと焼き
色がつくまで焼く。バターは2〜3mm厚さ（食
パンの大きさに合わせ、1人分につき2〜3切
れくらい）に切り、冷蔵庫に入れておく。

3 カヤジャムを作る。フライパンにココナッツミ ----→
ルクを入れ、卵黄を加えてゴムべらでよく混ぜ
る。弱火で熱し、全体が均一に混ざったらきび
砂糖を加えて混ぜる。沸騰直前で火を弱め、ダ
マにならないよう絶えず混ぜながら5〜6分煮
詰める。

Point
ココナッツミルクの缶はふらずに
開け、かたまっている濃厚な部分
があれば、そこを使った方が時短
になります。もとから混ざってい
る場合はそのまま使ってください。

4 くすんだ色からおいしそうな茶色に変わり、と ----→
ろっとしてきたら、好みのかたさの少し手前で
火を止め、器に取り出す。

Point

5 トーストに*4*をたっぷり塗って*2*のバターをは
さみ、半分に切る。*1*に好みでしょうゆ少々（分
量外）をたらし、つけながら食べる。

冷めるとかたくなるため、ほどよ
く煮詰まってきたら、かたくなり
すぎないうちに火を止めます。

**神尾晋一郎
キッチンmemo**　　僕はコーヒーに砂糖はマスト派です。時折ブラックにもチャレンジしますが、や
っぱり甘くしちゃいます。シナモンやカルダモンなどスパイスを入れることも。

メキシコの
チキンケサディーヤ

トルティーヤに香りのよいフレッシュサルサと
鶏むね肉をはさんだヘルシーサンドです。

ボイレピ♪
cv
井上和彦

おはようございます！ 井上和彦です！
僕の声でお届けする「メキシコのチキンケサディーヤ」
いかがでしたか？ ねー美味しそうでしょ。
元気出そうでしょ！ しっかり朝ごはん食べて
楽しい休日を過ごして下さいね。
今日も笑顔で！！
井上和彦

（2人分）

トルティーヤ（市販、または下記）…2枚
ピザ用チーズ…70g
鶏むね肉…小1/2枚（100g）
A┌ 塩・こしょう…各適量
 └ パプリカパウダー…少々
オリーブ油…適量

ピコ・デ・ガヨ（フレッシュサルサ）
玉ねぎ…1/4個
トマト…1/2個
パクチー…1株
ライム汁（またはレモン汁）…小さじ1
塩…適量

作り方

1　ピコ・デ・ガヨを作る。玉ねぎは粗 ----> **Point** 玉ねぎは水にさらして辛みをおさえ
　みじん切りにして水にさらし、水け　　　ます。ライム汁（またはレモン汁）
　をしっかり絞る。トマトは粗みじん　　　は市販の濃縮タイプでもOK。
　切りに、パクチーはみじん切りにす
　る。ライム汁とともにボウルに合わ
　せ、塩で味をととのえる。

2　鶏肉は8〜10mm角に切り、**A**をま
　ぶしてもみ込む。フライパンにオリ
　ーブ油を中火で熱して鶏肉を炒め、
　火が通ったら一度取り出す。

3　フライパンを一度きれいにし、火に
　かける前にトルティーヤ1枚を広げ
　てのせる。半分にまんべんなくチー
　ズの半量ほどを散らし、*2*の半量を
　のせ、チーズをさらに少量のせて半
　分に折りたたむ。フライパンのあい
　たところにもう1枚のトルティーヤ
　をのせ、同様に具材をのせて折りた
　たむ。中火にかけ、1〜2分焼く。

4　チーズが溶け、トルティーヤがパリ
　ッとして焼き色がついたら裏返し、
　裏面も1〜2分焼く。器に盛り、*1*
　をはさむ。

トルティーヤの作り方 （4枚分）

1　ボウルに薄力粉（140g）と塩（小さじ1/4）
　を合わせ、真ん中をくぼませる。くぼみ
　にサラダ油（25g）と湯（90ml）を入れ、
　泡立て器（または菜箸）で混ぜる。全体
　がまとまってきたら、手でこねる。

2　表面がなめらかになったら、ひとまとめ
　にしてラップをかけ、30分〜1時間おく。

3　4等分に分割し、打ち粉をした台にのせ、
　めん棒で直径20cmの円形にのばす。

Point めん棒で薄く丸くの
ばし、具を包みやす
い大きさにする。

4　フッ素樹脂加工のフライパンを油を引か
　ずに熱し、*3*を焼く。ところどころ茶色
　く焼き色がついたら裏返し、裏面も同様
　に焼く。

　レモン果汁は常備してます。最近はレモン果汁入りの水でうがいをしています。
こうすると、不思議と食べものの味をとても新鮮に感じられるようになるんです。

Part 4

自分のための

心ときめく
朝ごはん

ここからは本書限定レシピ。
「自分の気分も上げる・心ときめく」朝ごはんレシピをテーマ別に
3人の料理家に考えてもらいました。
どれも、とっても簡単！　お気に入りを見つけてみてください。

自分のための　いたわり朝ごはん

レシピ　**長谷川あかり**

シンプルさ、簡単さ、おいしさの絶妙なバランスのレシピがSNSでも人気の
長谷川さんの朝ごはんレシピ。しらすとパセリのオイル炒めおにぎりは、
初めての組み合わせなのに、不思議となつかしい味わい。

ごはんが気分の日の
白ごはんがすすむおかず

レシピ　**しらいのりこ**

やっぱりお米が恋しい朝もあります。こちらで紹介するのは
「ごはん同盟」しらいさんの、ごはんのお供レシピです。
p.11のごはんの炊き方も参照して、
炊きたてごはんと一緒にぜひ楽しんでください。

ほっとしたい朝の　簡単スープ

レシピ　**有賀薫**

食欲がない朝や、寒くて体が冷えきっている朝にぴったりなスープ。
スープ作家の有賀さんに朝でも無理なく作れるスープレシピを教えてもらいます。
栄養もとれて、あったまる。スープはごちそうです。

しょうゆの焼きおにぎり＆
しば漬けと大根おろしのあえもの

香ばしい焼きおにぎりには、しば漬けの食感が
小気味よいさっぱりおろしを箸休めに。

しょうゆの焼きおにぎり

材料 （2人分：4個分）

温かいごはん…茶碗2杯分（300g）
塩…小さじ½
ごま油…小さじ1
しょうゆ…小さじ1

作り方

1 ボウルにごはんを入れ、塩、ごま油を加えてよく混ぜる。

2 4等分して小さめのおにぎりを作り、クッキングシートを敷いたフライパンに並べて中火にかける。

3 菜箸で焼く面を変えながら、合計6分、表面がカリッとするまで焼く。しょうゆを全体に少しずつまわしかけ、さらに5〜6分、焼く面を変えながらこんがりとするまで焼く。

しば漬けと大根おろしのあえもの

材料 （2人分）

大根おろし（水けをきる）…50g
しば漬け…30g
ごま油…小さじ½
塩…少々

作り方

しば漬けは粗く刻む。残りの材料とともにボウルに入れ、よく混ぜる。

ささみだしの
おろしれんこん煮込みかけごはん

ささみのだしが溶け出したゆで汁も、余さず活用。
おろしれんこんが胃にやさしく、ホッとする味わいです。

<table>
<tr><td>材料</td><td>(2人分)</td></tr>
</table>

鶏ささみ…2本
れんこん…½節 (100g)
A ┌ 水…1カップ (200㎖)
  │ 酒…大さじ2
  │ しょうが (薄切り)…2枚
  └ 塩…少々
B ┌ ごま油…小さじ1と½
  └ 塩…ひとつまみ
ゆずこしょう…小さじ⅓
塩…小さじ⅓
温かいごはん…茶碗2杯分
みつば (ざく切り)…適量

作り方

1 ささみとAをフライパンに入れ、中火にかける。沸騰直前で弱火にし、ふたをして7分ゆでる (ささみは途中で一度、裏返す)。しょうがとささみを取り出し、ささみは粗熱をとって手で割き、Bであえる。れんこんはすりおろす。

2 フライパンに残ったゆで汁を中火で煮立て、すりおろしたれんこん、ゆずこしょうを加える。混ぜながら、塩で味をととのえる。

3 器にごはんを盛って2をかけ、ささみをのせ、みつばをあしらう。

ゆでじゃがいもとウインナーの 目玉焼きのせサラダ

コロコロの具が食べやすい、朝にぴったりのホットサラダ。
卵をくずし、ソースと混ぜながらいただきます。

材料 (2人分)

じゃがいも … 小2個 (正味160g)
ウインナーソーセージ … 4本
卵 … 2個
A ┌ マヨネーズ … 30g
　├ マスタード … 15 g
　└ 牛乳 … 大さじ1
塩・こしょう … 各少々
オリーブ油 … 小さじ2

作り方

1　Aはよく混ぜ合わせる。

2　じゃがいもは皮をむき、1cm角に切る。フライパンに湯を沸かして塩ひとつまみ (分量外) を加え、じゃがいも、ウインナーを入れて6分ゆでる。ざるにあげて粗熱をとり、ウインナーは1cm幅に切る。

3　フライパンの湯を捨ててキッチンペーパーで水けをふき、オリーブ油を中火で熱する。卵を割り入れ、半熟の目玉焼きを作る。

4　器に2を盛り合わせて3をのせ、塩、こしょうをふる。1のソースをかけていただく。

91

即席トマトリゾット

トマト缶もトマトジュースも使わない簡単リゾット。
生ハムのうまみとバジルの香りが、おいしさを格上げ！

材料 (2人分)

トマト … 1個 (150g)
生ハム … 20g
バジル … 10枚
温かいごはん
　　 … 茶碗大盛り1杯分
　　 (200g)
水 … 2カップ (400㎖)
卵 … 2個
塩 … 適量
オリーブ油 … 小さじ2
粉チーズ … 適量

作り方

1 トマトはざく切りにする。フライパンにオリーブ油を中火で熱し、トマトと塩ひとつまみを入れて炒める。水けが出てきたら木べらでトマトをつぶし、形がなくなるまで煮詰める。

2 分量の水とごはんを加え、煮立ったらふたをして弱めの中火で5分ほど煮る。塩小さじ½を加え混ぜ、卵を割り入れてふたをし、半熟状になるまで煮る。

3 火を止め、生ハム、バジルを手でちぎり入れる。器に盛り、粉チーズをふる。

Point

トマトは形がなくなるまで木べらでしっかりつぶします。

しらすとパセリのオイル炒めおにぎり

しらすとパセリを香りよく炒めて混ぜごはんに。
香ばしいごまの風味もアクセントです。

材料 (2人分：2個分)

しらす干し…30g
パセリ (葉を摘む)…30g
塩…ひとつまみ
オリーブ油…小さじ2
温かいごはん…茶碗2杯分 (300g)

A
- 白いりごま…小さじ2
- 塩…小さじ¼
- 粗びき黒こしょう…少々

作り方

1 パセリは粗く刻む。

2 フライパンにオリーブ油を中火で熱し、しらす、1、塩を入れ、パセリがしんなりするまで手早く炒める。

3 火を止め、ごはんと**A**を加えてよく混ぜる。2等分にしてラップで包み、おにぎりを作る。

ごはんが気分の日の
白ごはんがすすむ
おかず

しらいのりこ

カレーなめたけ

食欲を刺激するカレー粉の香りで、なめたけのイメージを一新！
ごはんが止まらなくなる常備菜です。

材料（作りやすい分量）

豚ひき肉… 100g
えのきたけ… 1パック（正味140g）
A ┌ 牛乳…大さじ3
　├ トマトケチャップ…大さじ2
　├ カレー粉…大さじ1と½
　├ しょうゆ…大さじ½
　└ みそ…小さじ1

作り方

1 耐熱ボウルにひき肉と**A**を入れ、混ぜ合わせる。3cm長さに切ったえのきを加え、さらに混ぜる。

2 ゴムべらでボウルの側面にはりつけるようにし、ラップをかけずに電子レンジ（600W）で3分加熱する。取り出してさっと混ぜる。 ---->

Point

ボウルの側面にはりつけるようにして表面積を広げ、均一に火を通します。

3 再びゴムべらでボウルの側面にはりつけるようにして、ラップをかけずに電子レンジ（600W）で3分ほど加熱する。

Point
保存の目安は冷蔵で3〜4日。

95

甘辛鮭フレーク

**鮭フレークは自分で作るとしっとりして、おいしい！
ごはんにたっぷり好きなだけのせてどうぞ。**

材料 （2人分）

生鮭… 1切れ（100g）
A ┌ しょうゆ・みりん・酒…各大さじ1
　└ 砂糖…小さじ1

作り方

1　鮭は皮と骨を除き、ひと口大に切る。

2　フライパンに**1**を入れ、水大さじ2をふって中火で熱し、ふたをして1分ほど蒸し煮にする。鮭の色が変わったら身をほぐし、**A**を加えて2分ほど、汁けがなくなるまでほぐしながら炒る。

Point
保存の目安は冷蔵で3〜4日。

ツナのなめろう

ツナにたっぷりの薬味とみそを混ぜ込んで、
青じそに巻いていただきます。お酒のアテにも！

材料 （作りやすい分量）

ツナ缶 (オイル漬け)…1缶 (100g)
長ねぎ…3㎝ (15g)
みょうが…1個
おろししょうが…1かけ分
みそ…小さじ2
青じそ…2枚

作り方

1 長ねぎはみじん切りにする。みょうがは
薄切りにし、さっと水にさらして水けを
ふく。

2 ツナ缶はさっと缶汁をきってボウルに入
れ、ほぐす。1としょうが、みそを加え
て混ぜ、青じそにのせて食べる。

Point
保存の目安は冷蔵で2〜3日。

梅にんにく豚佃煮

豚肉のコクに、梅干しの酸味とにんにくの香り。
食べごたえのあるごはんのお供です。

材料 （作りやすい分量）

豚バラ薄切り肉… 200g
梅干し（塩分15％）… 1個（正味6g）
A ┌ 酒…大さじ1
  │ しょうゆ…大さじ½
  └ おろしにんにく・砂糖…各小さじ1

作り方

1 豚肉は1cm幅に切る。梅干しは種を除いてたたく。

2 フライパンに**1**を入れ、**A**を加えて手でもみ混ぜる。弱めの中火で熱し、菜箸で混ぜながら2〜3分炒め煮にする。

Point
保存の目安は冷蔵で4〜5日。

98

中華風のだし

山形の郷土料理「だし」を、しょうがをきかせて、さっぱりアレンジ。
ごはんにのせると食欲がない日でもサラリと食べやすい！

材料 （作りやすい分量）

きゅうり…1本
なす…1本
しょうが（みじん切り）…1かけ
┌ めんつゆ（3倍濃縮）・水…各大さじ1
A 酢…大さじ½
└ 赤唐辛子（小口切り）…少々
ごま油…大さじ1

作り方

1 きゅうりは縦半分に切ってスプーンなどで種を除き、1cm角に切る。なすも1cm角に切る。

2 保存容器にAを合わせる。

3 フライパンにごま油としょうがを中火で熱し、香りが立ったら1を加え、2分ほど炒める。2に漬ける。

Point
保存の目安は冷蔵で2〜3日。

99

ほっとしたい
朝の
簡単スープ

有賀薫

豆腐と油揚げの豆乳スープ

温めた豆乳に酢を加えると、おぼろ豆腐のようにふるふるに。
台湾の朝ごはんの定番「シェントウジャン」風スープです。

材料 (2人分)

豆腐…½丁 (150g)
油揚げ…½枚
無調整豆乳…1カップ (200㎖)
水…¾カップ (150㎖)
塩…小さじ⅓
しょうゆ…少々
酢…小さじ2
ごま油 (またはラー油)…少々
小ねぎ (みじん切り)…少々

作り方

1 鍋に豆乳と分量の水を入れ、豆腐を手でくずし入れる。塩をふり、弱火にかける。

Point
豆腐はあまり粉々にならないように、ざっくり割りましょう。豆乳は沸騰しすぎると分離するので、弱火で温めます。

2 1を温めている間に油揚げを食べやすく刻み、1の鍋に加える。

Point
横半分にしてから細切りにすると食べやすくなります。

3 沸騰したらしょうゆで味をととのえ、酢を加えて軽く混ぜ、ごま油をまわし入れる。器に盛り、小ねぎをふる。

Point

酢を加えて軽く混ぜるとふるふるとかたまってきます。混ぜ過ぎると豆腐がくずれてしまうので注意。

トマトジュースと落とし卵のカレースープ

カレー粉の量はお好みでどうぞ。
卵は半熟より、しっかりめに火を通したほうがおいしい。

材料 （2人分）

トマトジュース（食塩不使用）
　・水…各1カップ（200㎖）
玉ねぎ…1/2個
卵…2個
塩…適量
オリーブ油…大さじ1
カレー粉…小さじ1〜2

作り方

1　玉ねぎは粗いみじん切りにする。

2　鍋にオリーブ油と1を入れて中
　火で熱し、色づくまで炒める。
　トマトジュースと分量の水を加
　え、塩小さじ1/2をふって煮立て、
　5分煮る。

> **Point**
> 玉ねぎは少し色づくくらい炒めるだけでもコクが出ます。

3　カレー粉を加えて混ぜ、味を見
　て塩少々でととのえる。卵を割
　り入れて4〜5分、しっかりめ
　に火を通す。

4　器に盛り、カレー粉少々（分量
　外）をふる。

> **Point**
> 仕上げにもカレー粉をふることで、風味をプラスします。

キムチ入り春雨スープ

**ひき肉とえのき、キムチのうまみが重なり、
味にグッと奥行きが。スープを吸った春雨も絶品です。**

材料 （2人分）

豚ひき肉…80g
えのきたけ…⅓袋
白菜キムチ…60g
春雨（乾燥）…30g
A ┌ 水…2と½カップ（500㎖）
　│ おろししょうが…1かけ
　│ 酒…大さじ1
　└ 塩…小さじ⅓

作り方

1 鍋にひき肉を入れ、**A**を加え━ ╌ ╌ ┈▶
て混ぜ、中火にかける。沸騰
してアクが出たら除く。

2 えのきは2〜3㎝幅に切って
1に加え、煮立ったら春雨を
加えて3分ほど煮込む。キム
チを加え、味を見て、足りな
いようなら塩またはキムチ
（ともに分量外）で調節する。

Point

アクは十分に出たとこ
ろですくい、ある程度
除いたところで火を弱
めると消えていきます。
キムチの塩分が入るの
で、塩はひかえめに。

焼きキャベツとツナの
サワースープ

**大ぶりに切ったキャベツをこんがり焼きつけて。
ツナでたんぱく質もしっかりチャージ。**

材料 （2人分）

ツナ缶（オイル漬け）
　…小1缶（70g）
キャベツ…⅙個
A ┌ 水…3カップ（600㎖）
　└ 塩…小さじ½
酢・しょうゆ…各小さじ½
オリーブ油…大さじ½

作り方

1　キャベツは2等分のくし形切りにし、つまようじで葉をとめる。

2　深めのフライパンにオリーブ油を中火で熱し、1を入れて両面をこんがりと焼く。

3　Aを加えてふたをし、弱火にして10〜12分、キャベツがやわらかくなるまで煮る。ツナ缶の缶汁をきって加え、味を見て酢としょうゆで味をととのえる。

Point

つまようじをさし、葉がばらけて形がくずれるのを防ぎます。食べるときに抜いてください。

Point

へらでぎゅっとフライパンに押しつけると、きれいな焼き色がつきます。

Point

酢は隠し味程度に加えると味がキュッと締まります。好みで増やしても。

レンジで作る、
きのことわかめのごまみそ汁

**火を使うのがおっくうな日も、電子レンジなら気軽。
きのこは数種類を合わせると、よりうまみが増します。**

材料 (2人分)

好みのきのこ (しめじ、
　　しいたけ、えのきなど)
　　…合わせて100g
乾燥わかめ…2g
白すりごま…大さじ1
だし汁
　　…2と1/4カップ (450mℓ)
みそ…大さじ2

作り方

1　きのこは石づきを除いて手で割く (しいたけなど、手で割きにくいものは食べやすく切る)。耐熱容器に入れ、水大さじ1を加え、ラップをかけて電子レンジ (600W) で1分30秒加熱する。

2　一度取り出し、だしを注いでみそを加え、再び電子レンジ (600W) で5～6分、熱くなるまで加熱する。みそを溶き混ぜ、わかめとすりごまを加えて混ぜる。

Point

きのこは、ほかにエリンギ、まいたけ、ひらたけなどもおすすめです。好みで2～3種類混ぜるとよりおいしいですが、1種類でも大丈夫です。

Point

すりごまは、いりごまを刻んで使ってもOK。

材料別索引

この本の内容は「アイスム」で連載中の
「ボイレピ♪朝ごはん」の内容を、
再編集・加筆してまとめたものになります。

 アイスム

「がんばる日も、がんばらない日も、あなたらしく。」を
テーマに簡単な、日々に寄り添うレシピを紹介している
ウェブメディア「アイスム」。
おなじみの料理家の方も多く出演中。
さまざまな特集テーマで、料理をする方もしない方も
応援するレシピを紹介中。

また、「ボイレピ♪朝ごはん」は、
YouTubeやSpotifyでもお聞きいただけます。
こちらは、本でご紹介したボイレピに加え、
声優の方々の雑談、料理のエピソードなども
たっぷり聞ける内容になっています。

 YouTube
アイスム―ボイレピ♪朝ごはん

Staff

企画・協力 ── アイスム編集部（中辻 梓、虫明麻衣、白石 舞、杉本舞桜）
脚本・演出 ── 飯村聖美
イラスト ─── 森川 侑
制作協力 ─── 株式会社ジャストプロ

撮影 ──── 豊田朋子
デザイン ── 蓮尾真沙子（tri）
スタイリング ─ 木村 遥
校閲 ──── 株式会社聚珍社
調理 ──── 渥美まゆ美（Smile meal）
編集 ──── 山村奈央子
構成・編集 ── 岡田好美（Gakken）

ボイレピ
心ときめく簡単朝ごはん

2024年12月17日　第1刷発行

著　者　　アイスム編集部

発行人　　川畑 勝

編集人　　滝口勝弘

発行所　　株式会社Gakken
　　　　　〒141-8416
　　　　　東京都品川区西五反田2-11-8

印刷所　　TOPPAN株式会社

●この本に関する各種お問い合わせ先
本の内容については、下記サイトのお問い合わせフォームよりお願いします。
https://www.corp-gakken.co.jp/contact/
在庫については　Tel 03-6431-1250（販売部）
不良品（落丁、乱丁）については　Tel 0570-000577
学研業務センター　〒354-0045 埼玉県入間郡三芳町上富279-1
上記以外のお問い合わせはTel 0570-056-710(学研グループ総合案内)

学研グループの書籍・雑誌についての新刊情報・詳細情報は、下記をご覧ください。
学研出版サイト　https://hon.gakken.jp/